La Farce

du Cuvier

GEORGES GASSIES DES BRULIES

LA FARCE
Du Cuvier

COMÉDIE DU XVᵉ SIÈCLE

Arrangée en Vers Modernes

SEPT COMPOSITIONS HORS TEXTE

En Taille-Douce

par Jean Geoffroy

PARIS

Librairie Charles Delagrave

15, RUE SOUFFLOT

LA FARCE

DU CUVIER

La Farce
du Cuvier

COMÉDIE DU MOYEN AGE

ARRANGÉE EN VERS MODERNES

PAR

GASSIES DES BRULIES

AVEC SEPT COMPOSITIONS EN TAILLE-DOUCE, HORS TEXTE

PAR J. GEOFFROY

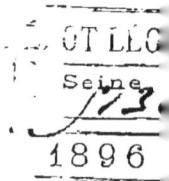

PARIS

LIBRAIRIE CHARLES DELAGRAVE

A

M. FRANCISQUE SARCEY

Vous avez bien voulu applaudir la pièce,

permettez-moi de vous dédier le livre.

G. GASSIES DES BRULIES.

LA FARCE DU CUVIER

NOTICE

A *Farce de Pathelin* n'est pas la seule œuvre comique de notre ancien théâtre français, qui mérite d'être connue. Elle eut une popularité qui l'a transmise d'âge en âge et lui a valu la place qu'elle occupe dignement dans notre histoire littéraire, mais à la même époque, c'est-à-dire au xvᵉ siècle, il y eut de nombreuses pièces dramatiques du même genre, dont le succès est justifié par des qualités éminemment françaises.

La *Farce du Cuvier*, la *Farce du Pâté et de la Tarte* et vingt autres d'un caractère un peu plus libre, sont du nombre.

Il y a une grande analogie entre ces vieilles comédies du moyen âge et les fabliaux du même temps. C'est le même esprit, la même gaîté, la même verve; et en lisant les récits des trouvères de la langue d'oïl, on éclate du même rire qu'en écoutant les joyeux dialogues des Enfants Sans-Souci, et en assistant aux comédies de Molière. Car Molière a une grande parenté avec ces vieux conteurs français et ces comédiens primitifs. Il avait dû dans ses tournées de province entendre conter plus d'un joli fabliau et voir jouer par des bateleurs en retard plus d'une joyeuse farce.

Il aurait peut-être pu contester à son ami Boileau que le théâtre fût abhorré chez nos dévots aïeux. On s'est chargé, depuis, Dieu merci, de prouver que le gendarme du Parnasse s'était permis de parler à la légère d'une époque qu'il ne connaissait pas, et l'on n'a pas craint de médire de lui. Il y avait cependant un mot de Voltaire, devenu presque un

proverbe, qui menaçait des coups du destin les audacieux qui diraient du mal de Nicolas.
J'ai même un ami qui prétend s'être cassé le bras parce qu'il avait osé maltraiter Boileau !

Le fin et spirituel Molière dut sourire dans sa barbe — que la mode ne lui permettait
pas de porter — en lisant les vers du III⁰ Chant de l'*Art poétique*. C'est en effet d'un vieux
conte du xiiiᵉ siècle, et aussi d'une Farce, perdue aujourd'hui, qu'est sortie la première
idée du *Médecin malgré lui*. Le *Vilain Mire* ou le paysan médecin contient en germe l'admi-
rable comédie de Molière.

Sainte-Beuve n'a pas hésité à écrire en parlant des pièces de notre ancien théâtre :
« Ce sont les coups d'essai de petits Molières restés en chemin et inconnus, mais dont
quelques-uns se sont approchés assez près du Molière véritable et immortel. Il ne doit pas
y avoir, ajoute-t-il, une grande distance entre cette Farce si joyeuse du *Cuvier* et celles du
Médecin volant et de la *Jalousie du Barbouillé* que jouait Molière tout jeune dans ses tournées
de province. »

C'est bien en effet à un « petit Molière » inconnu que nous devons la *Farce du Cuvier*.
Pas plus que pour la *Farce de Pathelin*, nous ne pouvons, sans craindre de nous aventurer,
nommer l'auteur de cette pièce. Mais si l'on veut considérer l'idée mère de notre Farce,
nous l'avons retrouvée dans un fabliau du xiiiᵉ siècle, comme nous retrouvons le sujet du
Médecin malgré lui dans le *Vilain Mire*.

C'est le fabliau intitulé *Sire Hain et Dame Anieuse* par le trouvère Hugues Peaucèle.

En voici le résumé, que je donne d'après le troisième volume du Recueil de Legrand (1),
sans presque rien changer.

Sire Hain a une femme acariâtre, qui le contredit sans cesse, la plus méchante créa-
ture et la plus contrariante qui soit au monde. Demande-t-il de la purée ? Anieuse lui donne
des pois. Veut-il des pois ? elle lui fait de la purée. Pour tous les autres objets c'est la même
chose, et du matin au soir, on n'entend dans cette maison que des querelles. Un jour Sire
Hain a décidé d'en finir. Il propose à sa femme un véritable duel, avec témoins. C'est,
malgré les coups échangés, un tournoi très pacifique d'ailleurs, et les champions n'ont rien
de chevaleresque. Le mari porte une culotte au milieu de la cour, et propose à la Dame de
la lui disputer ; mais à condition que celui qui en restera le maitre le deviendra aussi pour
toujours du ménage. Le voisin Simon et la commère Aupais sont pris comme arbitres. La
bataille commence. Les deux époux font assaut d'injures et de horions, les culottes sont
bientôt en lambeaux. Sire Hain vient à bout de se dépêtrer des mains de sa femme, et,
animé par la colère, il la pousse si vigoureusement qu'il la « rencogne » contre le mur.

Derrière elle, écoutez, je vous prie, se trouvait un baquet plein d'eau. En reculant,
ses talons le rencontrent et elle tombe dedans à la renverse. Hain la quitte aussitôt pour
aller ramasser les débris de la culotte, qu'il étale devant les deux juges comme les témoi-
gnages de son triomphe. Cependant Dame Anieuse se débattait dans le cuvier et n'en pouvait sortir. Après des efforts inutiles, elle fut obligée d'appeler à son secours. Le voisin
Simon, avant de la retirer, lui demanda si elle s'avouait vaincue, et si elle voulait promettre
d'être désormais soumise à son mari, de lui obéir en tout, et de ne jamais faire ce qu'il

---

1. Paris Onfroy, 1781). Fauchet en donne également l'extrait.

aurait défendu. D'abord elle refusa ; mais ayant consulté la commère Aupais, et celle-ci lui représentant que, selon les lois des combats, elle ne pouvait sortir du lieu où elle était sans la permission de son vainqueur, elle donna enfin sa parole. Alors on la retira, et on la ramena dans sa chambre où la paix se fit. L'auteur ajoute :

« Pendant quelques jours elle ressentit quelque douleur des suites de la correction un peu appuyée qu'elle avait reçue : mais avec l'aide de Dieu tout cela se passa. Du reste elle fut fidèle au traité, et depuis ce moment non seulement elle ne contredit jamais son seigneur, mais elle lui obéit encore dans tout ce qu'il lui plut d'ordonner. »

Enfin, après cette affirmation qui nous étonne, car les mauvaises femmes ne se corrigent guère, il termine par ce salutaire conseil aux lecteurs :

« Quant à vous, messieurs, qui venez d'entendre mon fabliau, si vous avez des femmes comme celle de Sire Hain, faites comme lui ; mais n'attendez pas aussi longtemps ! »

On voit d'après cet extrait que le fabliau de Peaucèle ressemble fort à notre farce (1). Nous y retrouvons Jaquinot qui s'appelle Sire Hain et sa femme, qui s'appelle Dame Anieuse. Il a résolu, lui aussi, d'être le maître en sa maison. Mais sa femme ne veut céder sans lutte. Le cuvier vient heureusement lui donner la victoire. Dans le fabliau comme dans la farce, ce personnage inanimé joue un très grand rôle et le fabliau comme la farce aurait pu s'appeler « Le Cuvier ». Nous n'avons pas entendu parler du rollet, du parchemin sur lequel le mari inscrit les différentes besognes que lui impose sa femme, sans doute nous le devons à l'imagination du poète comique qui adapta le fabliau de Peaucèle. Dans un conte allemand (J. Pauli, Shimpf und Ernnst) imprimé à Strasbourg en 1522, nous retrouvons l'idée du parchemin. Mais les rôles sont changés : c'est la femme qui écrit sous la dictée du mari. C'est lui, qui rentrant gris à la maison, tombe dans l'eau, et qui permet à sa femme de faire tout à sa volonté désormais, à condition qu'elle le retirera.

Ce rapprochement a été indiqué à M. Picot par M. Gaston Paris, l'éminent médiéviste. Le savant professeur M. Petit de Julleville, dans son remarquable ouvrage sur le théâtre au moyen âge (Répertoire) semble voir dans ce conte allemand une des sources de notre farce. Mais pour être imprimée à une époque postérieure, la Farce du Cuvier est-elle postérieure au conte ? Nous ne le pensons pas. En effet, la Farce du Cuvier nous est parvenue dans le Recueil précieux conservé au British Museum, et le Recueil date de l'année 1547, c'est-à-dire du milieu du xvie siècle (Cette date se trouve à la fin de la 1re pièce du Recueil intitulée le Conseil du nouveau Marié). L'imprimeur est Barnabé Chaussart de Lyon ou plutôt son successeur. Chaussart imprimait vers la fin du xve siècle. La première édition de la « Vie du terrible Robert le Diable » fut imprimée chez lui en 1496 (F. Didot). Mais la Farce du Cuvier est antérieure, et n'a sans doute été imprimée qu'alors qu'elle était déjà populaire.

Du reste, le Recueil lui-même, que j'ai étudié avec soin à Londres, est factice et se compose de 64 farces, imprimées dans divers endroits (à Lyon et à Rouen en particulier).

---

1. De même le « Meunier de qui le Diable emporte l'âme », farce par Andrieu de la Vigne (1496), est l'imitation d'un fabliau de Rutebeuf (Petit de Julleville).

La seconde édition connue se trouve dans le Recueil conservé à la Bibliothèque de Copenhague. Ce volume, imprimé à Lyon en 1619, a été découvert par M. Christophe Nyrop et publié pour la première fois en 1880 par MM. Picot et Nyrop (Lille et Paris, édit. de bibliophile tirée à un petit nombre d'exemplaires). Il contient neuf pièces. Le *Cuvier* est en tête.

En somme, la *Farce du Cuvier* n'a été publiée que par Viollet-le-Duc en 1854 (Recueil du British Museum), par Ed. Fournier (1872) et par MM. Picot et Nyrop (Recueil de Copenhague, 1880).

Le texte de Copenhague a subi au XVIIᵉ siècle un travail de rajeunissement analogue à celui que nous croyons utile de faire pour notre présente édition.

Mais nous avons essayé de conserver à la vieille comédie toute sa gaîté, toute sa finesse, ainsi que le caractère du temps, en usant d'une très grande liberté dans l'agencement des détails. La lecture assidue des vieux conteurs du moyen âge, le commerce constant des « Sots » et des « Enfants Sans-Souci », la fréquentation de François Villon, qui de son vivant, nous aurait compromis dans quelque vilaine affaire, nous font espérer d'avoir conservé à la farce son aspect primitif, tout en y opérant des modifications, et nous voudrions l'avoir rendue accessible à tous les modernes, sans qu'on pût nous accuser de l'avoir « modernisée ».

LA FARCE

DU CUVIER

PERSONNAGES :

JAQUINOT, le mari.

JEANNETTE, sa femme.

JAQUETTE, sa belle-mère.

~~~~~~~~~~~~~~~~~~~

La scène se passe dans un modeste intérieur du xv° siècle : bahut, escabeaux, meubles divers, ustensiles de ménage. Porte au fond. — Un peu à gauche, sur le devant du théâtre, une table rustique et un escabeau. — A droite, un grand cuvier, disposé sur des tréteaux, pour couler la lessive. — Grande cheminée sur le rebord de laquelle sont placés les accessoires : Un rouleau de parchemin, une plume d'oie, un encrier.

Lorsque notre *Farce* a été représentée pour la première fois au Théâtre d'application (le 20 juin 1888), voici comment la scène avait été agencée : Le cuvier avait été placé à gauche du théâtre et disposé de telle sorte que l'actrice chargée du rôle de *Jeannette*, montée sur un escabeau entre le cuvier et la toile du fond, donnait en tombant l'illusion d'une chute réelle. La porte était à droite sur un pan coupé. L'acteur chargé du rôle de *Jaquinot* écrivait sur ses genoux, assis sur un escabeau au milieu de la scène.

Voici quelle était la distribution :

JAQUINOT,	M. HIRCH,	*Lauréat du Conservatoire.*
JAQUETTE,	Mᶫᶫᵉ TASNY,	*id*.
JEANNETTE,	Mᶫᶫᵉ BERTRAND.	

SCÈNE PREMIÈRE

JAQUINOT, *seul.*

JAQUINOT.

Le diable me conseilla bien,
Le jour, où ne pensant à rien
Je me mêlai de mariage !
Depuis que je suis en ménage,
Ce n'est que tempête et souci.
Ma femme là, sa mère ici,
Comme des démons, me tracassent ;
Et moi, pendant qu'elles jacassent,
Je n'ai ni repos ni loisir,
Pas de bonheur, pas de plaisir !
On me bouscule, et l'on martelle
De cent coups ma pauvre cervelle !
Quand ma femme va s'amender,
Sa mère commence à gronder.
L'une maudit, l'autre tempête !
Jour ouvrier ou jour de fête,
Je n'ai pas d'autre passe-temps.
Que ces cris de tous les instants.
Parbleu ! cette existence est dure !
Voilà trop longtemps qu'elle dure !
Si je m'y mets, j'aurai raison !
Je serai maître en ma maison.

SCENE II

JAQUINOT, JEANNETTE, *puis* JAQUETTE.

JEANNETTE, *entrant.*

Quoi ! vous restez à ne rien faire !
Vous feriez bien mieux de vous taire
Et de vous occuper...

JAQUINOT.

De quoi ?

JEANNETTE.

La demande est bonne, ma foi !
De quoi devez-vous avoir cure ?
Vous laissez tout à l'aventure !
Qui doit soigner votre maison ?

JAQUETTE, *entrant à son tour.*

Sachez que ma fille a raison !
Vous devez l'écouter, pauvre âme !
Il faut obéir à sa femme :
C'est le devoir des bons maris.
Peut-être on vous verrait surpris

Me donner du bâton ! à moi ?

Si, quelque jour, comme réplique,
Elle se servait d'une trique !
Et pourtant n'est-ce pas son droit ?

JAQUINOT.

Me donner du bâton ! à moi !
Vous me prenez pour un autre homme.

JAQUETTE.

Et pourquoi non ? veut-elle en somme
Autre chose que votre bien ?
Vous ne la comprenez en rien !
Ne le dit-on pas ? Qui bien aime,
Pour le prouver frappe de même.

JAQUINOT.

Il vaut mieux me le prouver moins ;
Je vous fais grâce de ces soins,
Entendez-vous, ma bonne dame ?

JEANNETTE.

Il faut faire au gré de sa femme,
Jaquinot, ne l'oubliez pas !

JAQUETTE.

En aurez-vous moindre repas,
Et sera-ce une peine grande
D'obéir quand elle commande ?

JAQUINOT.

Oui ! mais elle commande tant,
Que pour qu'elle ait le cœur content,
Je ne sais, ma foi, comment faire !

JEANNETTE.

Eh bien, si vous voulez lui plaire,
Afin de vous en souvenir,
Un registre il faudra tenir,
Où vous mettrez à chaque feuille
Tous ses ordres, quoi qu'elle veuille !

JAQUINOT.

Pour avoir la paix, j'y consens,
Vous êtes femme de bon sens,
Maman Jaquette, et, somme toute,
Vous pouvez me dicter : j'écoute.

JEANNETTE.

Allez quérir un parchemin.
Et de votre plus belle main
Vous écrirez, qu'on puisse lire.

JAQUINOT. *va prendre sur la cheminée un rouleau de parchemin, un encrier et une grande*
plume d'oie. Il dispose le tout sur la table, et s'assied sur l'escabeau.

Me voici prêt. Je vais écrire.

JEANNETTE.

Mettez que vous m'obéirez
Toujours, et que toujours ferez
Ce que je vous dirai de faire !

    •

JAQUINOT. *se levant et jetant sa plume.*

Mais non ! mais non ! Dame très chère !
le n'agirai que par raison !

Mettez que vous m'obéirez !

JEANNETTE.

Quoi ! c'est encor même chanson ?
Déjà vous voulez contredire !

JAQUINOT, *se rasseyant.*

Mais non ! mais non ! je vais écrire.

JEANNETTE.

Écrivez donc, et taisez-vous !

JAQUINOT, *ramassant sa plume.*

Parbleu ! je suis un bon époux.

JEANNETTE.

Taisez-vous.

JAQUINOT.

Dût-on vous déplaire,
Si je veux, je prétends me taire,
Madame, et je me tais. Dictez.

JEANNETTE.

En première clause, mettez
Qu'il faut chaque jour, à l'aurore,
Vous lever le premier...
(*Jaquinot fait mine de n'y pas consentir.*)
Encore !...
Qu'ensuite il faut préparer tout,
Faire le feu, voir si l'eau bout...
Bref, qu'au lever, avec courage,
Pour tous les deux ferez l'ouvrage,
Vous cuirez le premier repas.

3

JAQUINOT, *se levant et jetant sa plume.*

Oui-dà ! mais je n'y consens pas !
A cet article je m'oppose !
Faire le feu ! pour quelle cause ?

JEANNETTE, *tranquillement.*

Pour tenir ma chemise au chaud.
Entendez-vous bien ! Il le faut.

JAQUINOT, *se rasseyant et ramassant sa plume, se met à écrire avec ardeur.*

Puisqu'il faut faire à votre guise.
Je ferai chauffer la chemise !
            (*Il continue à écrire, puis s'arrête tout à coup.*)

JAQUETTE.

Ecrivez donc ! Qu'attendez-vous ?

JEANNETTE.

Vous allez me mettre en courroux !
Vous êtes aussi vif qu'un cancre !

JAQUINOT.

Attendez-donc ! Je n'ai plus d'encre !
J'en suis encore au premier mot.

JEANNETTE.

Vous bercerez notre marmot,
Lorsque la nuit il se réveille,
Et vous attendrez qu'il sommeille,
Avant de retourner au lit.

JAQUINOT, *secouant son parchemin.*

Attendez !... Je rencontre un pli !

JEANNETTE.

Mon Dieu ! Quel maladroit vous êtes !

JAQUINOT.

J'y suis ! J'y suis ! Êtes-vous prêtes ?

JEANNETTE ET JAQUETTE, *ensemble, de chaque côté de Jaquinot.*

Il vous faudra...

JAQUINOT. *les interrompant.*

Dictez vos lois !
Mais ne parlez pas à la fois !
Car je n'y pourrais rien comprendre :
Vous ne vous ferez pas entendre,
Et je ferai quelque pâté
D'encre, pour m'être trop hâté !

JEANNETTE. *à Jaquette.*

Parlez donc, vous êtes ma mère !

JAQUETTE *(même jeu).*

C'est ton mari ! je dois me taire !

JEANNETTE.

C'est pour vous obéir, maman.

(A Jaquinot.)

Si notre marmot, en dormant,
Dans la peur de Croquemitaine,
Rêve... qu'il est une fontaine...

Si sa naïve émotion
Provoque une inondation...

JAQUINOT.

Eh bien, pour calmer ses alarmes?

JEANNETTE.

Vous devrez essuyer ses larmes!

JAQUINOT.

Mais s'il ne veut se rendormir?
S'il pleure sans vouloir finir?

JAQUETTE.

Vous le prendrez avec tendresse
Et lui ferez mainte caresse.

JEANNETTE.

Et sans jamais montrer d'ennui,
Le porterez, fût-il minuit!
De-ci, de-là, faisant risette.

JAQUINOT.

Ma foi! votre audace est parfaite!
Quels plaisirs et quels instants doux
J'aurai là!

(Il cesse d'écrire.)

JEANNETTE.

Mais qu'attendez-vous?

Dictez vos lois,
Mais ne parlez pas à la fois !

JAQUINOT.

Comment voulez-vous que je fasse?
Car je n'ai plus du tout de place.

(Il jette sa plume.)

JEANNETTE, *se rapprochant.*

Mettez! ou vous serez frotté.

JAQUINOT.

Ce sera pour l'autre côté.

(Il ramasse sa plume.)

JEANNETTE.

Écrivez donc, car il nous reste
A vous dicter encore...

JAQUINOT.

Eh! peste!
Je n'ai pas le temps de souffler!

JEANNETTE.

Il faut la lessive couler.

JAQUETTE.

Préparer pour le four la pâte.

JEANNETTE.

Faire le pain, aller en hâte
Relever le linge étendu,
S'il pleut.

JAQUETTE.

Avez-vous entendu ?

JEANNETTE.

Pour récurer, chercher du sable...

JAQUETTE.

Et vous démener comme un diable !
Aller, venir, trotter, courir...

JEANNETTE.

Ranger, laver, sécher, fourbir...

JAQUETTE.

Tirer de l'eau pour la cuisine...

JEANNETTE.

Chercher du lard chez la voisine...

JAQUINOT.

De grâce, arrêtez-vous un peu !

JEANNETTE.

Et puis mettre le pot-au-feu.

JAQUETTE.

Laver avec soin la vaisselle.

JEANNETTE.

Aller au grenier par l'échelle.

JAQUETTE.

Mener la mouture au moulin.

JEANNETTE.

Faire le lit de bon matin,
Ou sinon, songez à la trique !

JAQUETTE.

Donner à boire à la bourrique.

JAQUINOT.

Je vois que vous songez à vous.

JEANNETTE.

Puis au jardin cueillir des choux.

JAQUETTE.

Tenir la maison propre et nette.

JAQUINOT, *qui a fait des gestes désespérés pendant que les deux femmes parlaient.*

Comment voulez-vous que je mette
Tout cela, si, sans arrêter,
Vous ne faites que me dicter ?

Vous parlez avec votre mère,
Cela ne fait pas mon affaire!
Il faut tout dire mot à mot!
J'en étais encore à marmot!

JEANNETTE.

Écrivez donc : Faire la pâte,
Cuire le pain, aller en hâte
Relever le linge, s'il pleut...

JAQUINOT, *interrompant*.

C'est trop vite! Attendez un peu!

JEANNETTE.

Bluter.

JAQUETTE.

Laver.

JEANNETTE.

Sécher.

JAQUETTE.

Et cuire!

JAQUINOT.

Laver quoi donc?

JEANNETTE.

Faire reluire,
Sans jamais prendre de repos,
Les écuelles, les plats, les pots!

JAQUINOT.

Tous les pots de notre ménage?
Ma foi, malgré tout mon courage
Jamais je ne retiendrai tout !

(*Il jette sa plume.*)

JEANNETTE.

Voulez-vous nous pousser à bout ?
Pour alléger votre mémoire,
Écrivez !... Et pas tant d'histoire !

(*Jaquinot se remet à écrire.*)

Il vous faut aller au ruisseau
Laver le linge du berceau.

JAQUINOT.

Encore un métier bien honnête !

JAQUETTE.

Que vous avez mauvaise tête !

JAQUINOT.

Attendez ! ne vous fâchez pas !

(*Écrivant.*)

...Les écuelles, les pots, les plats...

JEANNETTE.

Ma foi! vous ne vous pressez guère !

JAQUINOT.

Dame ! Est-ce vous ou votre mère
Qu'il faut écouter? dites-moi !
Vous me voyez tout en émoi !

(*Il dépose sa plume.*)

JEANNETTE, *se rapprochant de lui.*

Je vais vous battre comme plâtre !

JAQUINOT, *avec noblesse.*

Je ne veux pas me laisser battre !
                                    (Adoucissant le ton.)
J'écrirai tout. N'en parlons plus.

JEANNETTE.

Eh bien, sans discours superflus,
Vous mettrez le ménage en ordre,
Et vous viendrez m'aider... à tordre
La lessive auprès du cuvier.

JAQUETTE.

Après avoir lavé l'évier.

JEANNETTE, *à Jaquinot, qui vient de s'arrêter et regarde Jaquette d'un air aburi.*

Mais dépêchez-vous donc d'écrire !

JAQUINOT, *après un moment.*

C'est fait !.. Souffrez que je respire !

'AQUETTE.

Ma fille, n'oubliez-vous... rien !
Ne doit-il pas, comme il convient,
Vous traiter avec gentillesse !
Et vous témoigner sa tendresse...

JAQUINOT.

Ah ! pour ceci, je n'en suis pas !
On peut bien régler un repas,

Je n'obéis qu'au parchemin.

Non le menu de mes caresses !

(A sa femme.)

Quoi ! me fixer les politesses
Que je dois accorder à vous !
Certe, au monde il n'est pas d'époux
Qui soit mené de cette sorte !
L'audace me paraît trop forte.
Je ne vais plus pouvoir dormir,
Car il faudra tout retenir
Dans ma malheureuse cervelle,
Et pour que tout je me rappelle,
Toujours, comme un petit garçon,
Je vais apprendre ma leçon...

JAQUETTE.

Allons ! pensez-vous que je raille !
Signez le tout que je m'en aille.

JAQUINOT.

Je signe alors de chaque main !

(Il signe.)

Tenez ! Voici le parchemin !
Ne voulez-vous pas qu'on le scelle ?
Ceignez-le bien d'une ficelle !
Veillez qu'il ne soit pas perdu,
Car, en devrais-je être pendu,
Je n'accomplirai plus d'autre ordre !
Jamais je n'en voudrai démordre.
Désormais, aujourd'hui, demain,
Je n'obéis qu'au parchemin !
C'est convenu, j'en ai pris acte,
Et j'ai dûment signé le pacte.

JEANNETTE.

Oui, c'est convenu, Jaquinot.

IAQUINOT.

Songez que je vous prends au mot.

JAQUETTE.

C'est bien, je puis partir tranquille.

JEANNETTE.

Adieu ! ma mère !

JAQUETTE.

Adieu ! ma fille !

(Elle sort.)

SCÈNE III

JAQUINOT ET JEANNETTE

JEANNETTE, *s'approchant du cuvier qui est dressé à droite du théâtre.*

Allons, Jaquinot, aidez-moi !

JAQUINOT.

Mais voulez-vous me dire à quoi ?

JEANNETTE.

A mettre le linge à la cuve
Où j'ai versé l'eau de l'étuve.

JAQUINOT, *déroulant son parchemin et cherchant attentivement.*

Ce n'est pas sur mon parchemin.

JEANNETTE.

Déjà vous quittez le chemin,
Avant de connaître la route.
        (*Jaquinot cherche toujours sur son parchemin.*)
Dépêchez-vous ! Le linge égoutte ;
Il faut le tordre !... et vivement !
Cherchez dans le commencement ;
C'est écrit : « Couler la lessive »...
Voulez-vous que je vous l'écrive
A coups de bâton sur le dos ?

JAQUINOT.

Non, si c'est écrit ! tout dispos,
Je vais me mettre, sans vergogne,
A vous aider à la besogne.
C'est parbleu vrai que c'est écrit !
N'en ayez pas le cœur aigri !
Puisque c'est dit en toute lettre,
Attendez-moi, je vais m'y mettre.
J'obéis !... Vous avez dit vrai !
Une autre fois, j'y penserai.

(Ils montent chacun sur un escabeau de chaque côté du cuvier. Jeannette tend à Jaquinot le bout d'un drap tandis qu'elle tient l'autre.)

JEANNETTE.

Tirez de toute votre force !

JAQUINOT. *tirant.*

Je me donnerai quelque entorse !
Ma foi ! ce métier me déplaît.
Je veux charger quelque valet
De vous aider dans le ménage.

(Il lâche le drap.)

JEANNETTE, *impatientée.*

Tirez donc ! ou, sur le visage
Je vous lance le tout, vraiment !

(Elle lui lance le linge à la figure.)

JAQUINOT.

Vous gâtez tout mon vêtement !
Je suis mouillé comme un caniche.
Et vous en trouvez-vous plus riche,
De m'avoir ainsi maltraité ?

JEANNETTE.

Allons ! prenez votre côté.

Faut-il donc que toujours il grogne !...

Ferez-vous pas votre besogne ?

(Jaquinot tire brusquement le drap et fait perdre l'équilibre à Jeannette, qui tombe dans le cuvier.)

JEANNETTE, *en disparaissant dans la cuve.*

La peste soit du maladroit !

(Elle sort la tête.)

Seigneur ! ayez pitié de moi !

Je me meurs ! Je vais rendre l'âme !

Ayez pitié de votre femme,

Jaquinot, qui vous aima tant !

Elle va périr à l'instant,

Si vous ne lui venez en aide !...

Je sens mon corps déjà tout raide !

Donnez-moi vite votre main.

JAQUINOT, *après un moment.*

Ce n'est pas sur mon parchemin.

JEANNETTE, *sortant la tête.*

Las ! voyez quelle est ma détresse !

Le linge m'étouffe et m'oppresse !

Je meurs ! Vite ! Ne tardez pas !

Pour Dieu, tirez-moi de ce pas !

JAQUINOT, *chantant.*

Allons, la commère,

Remplis donc ton verre !

Il faut boire un coup!...

JEANNETTE.

Jaquinot, j'en ai jusqu'au cou !
Sauvez-moi, de grâce, la vie.
Retirez-moi, je vous en prie.
Jaquinot, tendez-moi la main !

JAQUINOT.

Ce n'est pas sur mon parchemin (1).

JEANNETTE.

Hélas ! la mort me viendra prendre
Avant qu'il ait voulu m'entendre !

JAQUINOT, *lisant son parchemin.*

« De bon matin préparer tout,
« Faire le feu, voir si l'eau bout !... »

JEANNETTE.

Le sang de mes veines se glace !

JAQUINOT

« Ranger les objets à leur place,
« Aller, venir, trotter, courir... »

JEANNETTE.

Je suis sur le point de mourir.
Tendez-moi de grâce, une perche !

JAQUINOT.

J'ai beau relire ; en vain je cherche...
« Ranger, laver, sécher, fourbir... »

---

1. On a coupé ce passage à la représentation, depuis : « Hélas ! la mort me viendra prendre... » jusqu'à
« Je suis sur le point d'être morte ».

La peste soit du Maladroit.

JEANNETTE.

Songez donc à me secourir !

JAQUINOT.

« Préparer pour le four la pâte,
« Cuire le pain, aller en hâte.
« Relever le linge étendu,
« S'il pleut... »

JEANNETTE.

       M'avez-vous entendu ?
Jaquinot, je vais rendre l'âme.

JAQUINOT.

« Chauffer le linge de ma femme.. »

JEANNETTE.

Songez que le baquet est plein !

JAQUINOT.

« Mener la mouture au moulin,
« Donner à boire à la bourrique... »

JEANNETTE.

Je suis prise d'une colique
Qui m'achève... Venez un peu !

JAQUINOT.

« Et puis mettre le pot-au-feu... »

JEANNETTE.

Appelez ma mère Jaquette !

JAQUINOT.

« Tenir la maison propre et nette,
« Laver, sans prendre de repos,
« Les écuelles, les plats, les pots ! »

JEANNETTE.

Si vous ne voulez pas le faire,
De grâce, allez chercher ma mère,
Qui pourra me tendre la main.

JAQUINOT.

Ce n'est pas sur mon parchemin !

JEANNETTE.

Eh bien, il fallait donc le mettre !

JAQUINOT.

J'ai tout écrit lettre pour lettre.

JEANNETTE.

Retirez-moi, mon doux ami.

JAQUINOT.

Moi, ton ami !... Ton ennemi !
M'as-tu ménagé la besogne
De ton vivant ? — Va, sans vergogne,
Je vais te laisser trépasser.
Inutile de te lasser,
Ma chère, en criant de la sorte...

(On entend frapper au dehors.)

Ah ! Voici qu'on frappe à la porte !

SCÈNE IV

JAQUETTE, JAQUINOT, JEANNETTE.

JAQUETTE, *du dehors.*

M'ouvrirez-vous avant demain !

JAQUINOT.

Ce n'est pas sur mon parchemin !...
Mais je vais vous ouvrir quand même,
Car votre fille, toute blême,
Est là qui trempe en ce baquet...
          (Les coups redoublent. Il va ouvrir.)
Attendez. J'ôte le loquet.

JAQUETTE, *sur le seuil de la porte.*

Je viens voir comment tout se porte !

JAQUINOT.

Très bien ! puisque ma femme est morte.

JAQUETTE.

Que dites-vous ? mauvais plaisant !

JAQUINOT.

C'est très sérieux ! Tout en causant
Elle est tombée en cette cuve,
Où se trouvait l'eau de l'étuve !

JAQUETTE, *toujours sur le seuil.*

Que dis-tu ? meurtrier ! bourreau !

JAQUINOT, *près de la porte.*

Eh ! ma mère ! Elle a parlé trop,
Elle avait soif, la pauvre femme !

JEANNETTE.

Mère ! en la cuve je me pâme !
Venez ! secourez votre enfant !

JAQUINOT.

Vous entendez ! mon cœur se fend !

JAQUETTE.

Attends, je viens, ma chère fille,
Tandis que cet autre babille !

(A Jaquinot.)

Aidez-moi donc, tendez la main !

JAQUINOT.

Ce n'est pas sur mon parchemin.

JAQUETTE.

Que dites-vous ? méchant infâme !
Laissez-vous mourir votre femme ?

JAQUINOT.

Je serai maître en ma maison.

JAQUETTE.

Quoi ! n'avez-vous plus de raison ?
Vite ! Aidez-moi.

Ce n'est pas sur mon parchemin.

JAQUINOT.

C'est impossible !

JAQUETTE.

Vous commettez un crime horrible,
Jaquinot, ce n'est pas humain !

JAQUINOT.

J'ai beau lire mon parchemin,
Ce n'est pas inscrit sur la liste...

JAQUETTE.

Allons ! scélérat égoïste !
Je vous implore à deux genoux,
Retirez-là ! Dépêchez-vous !

JAQUINOT.

Oui, si vous voulez me promettre
Que chez moi je serai le maître.

JEANNETTE.

Je vous le promets de bon cœur !

JAQUINOT.

Oui ! mais peut-être est-ce la peur
Qui vous rend d'humeur si facile ?

JEANNETTE.

Non ! je vous laisserai tranquille,
Sans jamais rien vous commander !
Toujours je saurai m'amender
Et me taire, j'en fais promesse !

JAQUINOT.

Faut-il, ma femme, que je dresse
Une liste, ainsi que pour moi
Vous avez fait ?

JEANNETTE.

Non, sur ma foi
Reposez-vous-en, mon doux maître !

JAQUINOT.

Enfin ! vous voulez reconnaître
Mon droit, madame ; c'est fort bien !

JEANNETTE.

Alors retirez-moi !

JAQUINOT.

Le chien
Eût été plus heureux, madame,
Que votre mari !

JEANNETTE.

Je rends l'âme !
Songez qu'au fond de ce baquet...

JAQUINOT.

Voyons ! était-ce bien coquet
De me donner tant de besogne ?
N'en avais-tu pas de vergogne ?

JEANNETTE.

Hélas ! Je demande pardon !
Mon mari, vous avez raison !

Je ferai toujours le ménage
Avec ardeur, avec courage.

JAQUINOT.

C'est fort bien ! Je vous prends au mot.
Vous bercerez notre marmot ?

JEANNETTE.

Oui ! tirez-moi !

JAQUINOT.

      Ferez la pâte !
Cuirez le pain, irez en hâte...

JEANNETTE.

De grâce ! Je vous le promets !
C'est bien ! Je serai désormais
De votre avis en toute chose,
Pourvu que ne soit plus en cause
Le parchemin que vous savez !...
Brûlez-le puisque vous l'avez !

JAQUINOT.

Il ne faudra plus que j'écrive ?...
Je ne ferai plus la lessive ?...

JEANNETTE.

Non ! mon ami, ma mère et moi
Ne vous mettrons plus en émoi !

JAQUINOT.

Vous ferez chauffer ma chemise !

JEANNETTE.

Je ferai tout à votre guise !
Mais retirez-moi de ce pas !

JAQUINOT.

Vous ne me contrarierez pas ?

JEANNETTE.

Je veux être votre servante !

JAQUINOT

Cette soumissiou m'enchante :
Vous ne m'avez jamais plu tant !
Et je vous retire à l'instant.
                    (Il retire sa femme du cuvier.)

TOUS TROIS, au public.

Bonsoir, toute la compagnie !
Notre comédie est finie.

IMP. NOIZETTE, 8, RUE CAMPAGNE-PREMIÈRE, PARIS.

Bonsoir la compagnie.

www.ingramcontent.com/pod-product-compliance
Lightning Source LLC
LaVergne TN
LVHW050624090426

835512LV00008B/1649